Impressum
Verlag: BABADADA GmbH, Nedderfeld 112 , 22529 Hamburg
Geschäftsführer / Verlagsleitung: Harald Hof
Druck: Books on Demand GmbH, In de Tarpen 42, 22848 Norderstedt

Imprint
Publisher: BABADADA GmbH, Nedderfeld 112 , 22529 Hamburg, Germany
Managing Director / Publishing direction: Harald Hof
Print: Books on Demand GmbH, In de Tarpen 42, 22848 Norderstedt, Germany

ښوونځی
学校

教室
تقسیم
割り算
186/2
بورډ
黒板
د ښوونځي حویلی
ښوونکی
教師
ورق
紙
لیکل
書く
قلم
ペン
ډیسک
事務机
خط کش
定規
کتاب
本
زده کونکی
生徒

کڅوړه
ランドセル

د پنسل بکسه
筆入れ

پنسل
鉛筆

پنسل تراش
鉛筆削り

ربړ
消しゴム

د رسامۍ پاڼه
スケッチブック

رسامي

スケッチ

د نقاشۍ برس

絵筆

د نقاشۍ بکس

絵の具箱

قيچي

はさみ

سریښ

接着剤

د تمرین کتاب

練習帳

کورنۍ دنده

宿題

12

شمیر

数

2+2

جمع

足し算

5-2

منفي

引き算

2×2

ضرب

かけ算

حساب

計算する

A

توری

文字

ABCDEFG
HIJKLMN
OPQRSTU
VWXYZ

الفبا

アルファベット

hello

کلمه

単語

متن

テキスト

لوستل

読む

تباشیر

チョーク

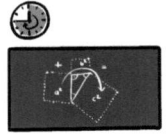

درس

授業

راجستر

学級日誌

ازموینه

試験

تصدیق پاڼه

通知表

د ښوونځي یونیفارم

制服

تعلیم

教育

دایره المعارف

百科事典

پوهنتون

大学

مایکروسکوپ

顕微鏡

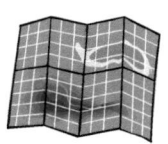

نقشه

地図

اشغالدانی

ごみ箱

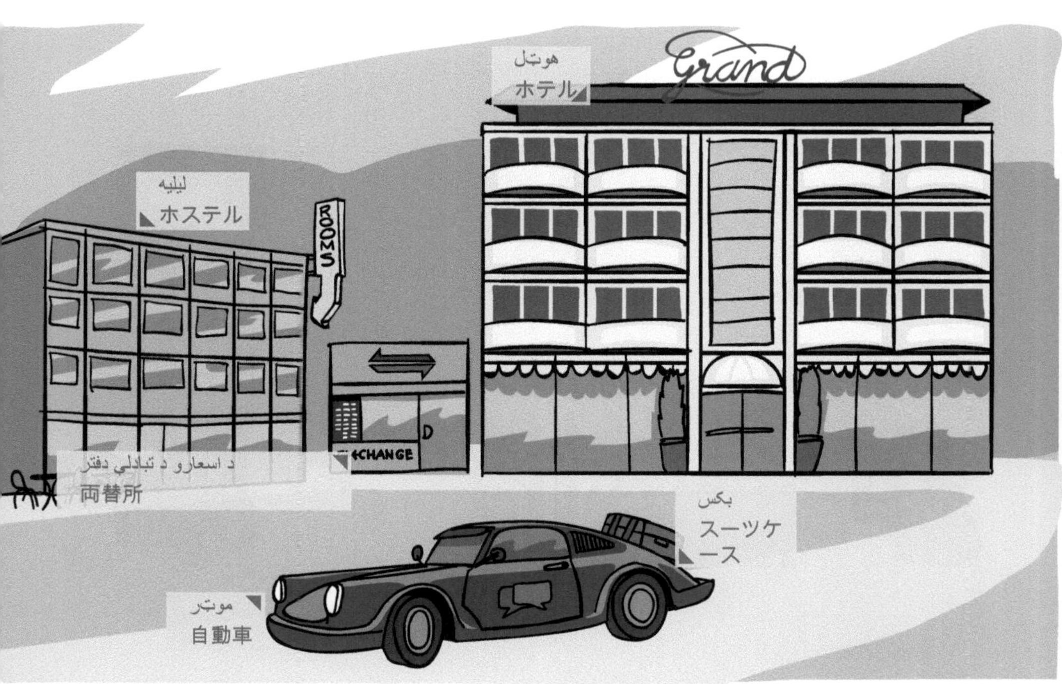
هوټل
ホテル
Grand
ليليه
ホステル
ROOMS
EXCHANGE
د اسعارو د تبادلي دفتر
両替所
بکس
スーツケース
موټر
自動車

ژبه
言語

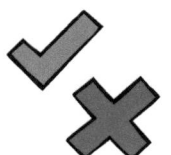

هو/نه
はい / いいえ

سمه ده
問題ない

سلام
ハロー

ژباړونکی
翻訳者

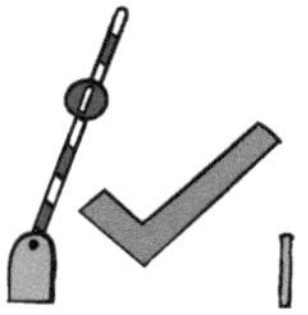

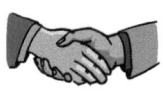

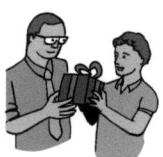

مننه
ありがとう

څومره دي...؟

...はいくらですか？

زه نه پوهيږم

わかりません

ستونزه

問題

ماښام مو پخير!

こんばんは！

سهار په خير!

おはようございます！

شپه په خير!

おやすみなさい！

په مخه مو ښه

さようなら

لارښود

方向

سامان

手荷物

بيک

バッグ

شاتنی بکس

リュックサック

ميلمه

お客様

خونه

部屋

د خوب کڅوړه

寝袋

خيمه

テント

د توریزم معلومات

旅行者情報

ساحل

ビーチ

کریډیټ کارټ

クレジットカード

ناری

朝食

د غرمي خواړه

昼食

د شپي خواړه

夕食

ټیکټ

チケット

لفټ

エレベーター

مهر

スタンプ

پوله

境界

ګمرک

税関

سفارت

大使館

ویزه

ビザ

پاسپورټ

パスポート

ټرانسپورټ

輸送

الوتکه
飛行機
船
د اور ماشين
消防車
بس
バス
ټرک
トラック
موټرکښتۍ
モーターボート
موټر
自動車
بايک
自転車

کښتۍ

フェリー

کښتۍ

ボート

موټرسايکل

バイク

د پوليسو موټر

パトカー

د ريس موټر

レーシングカー

کرايي موټر

レンタカー

د کرایه موټری

カーシェアリング

جرثقیل لرونکی ټرک

レッカー車

ریفیوز ټرک

ごみ収集車

موټر

モーター

سونګ توکي

燃料

پټرول سټیشن

ガソリンスタンド

ترافیکي نښه

交通標識

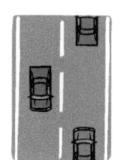

ترافیک

交通

جام ترافیک

渋滞

د موټرو تمځای

駐車場

د ریل سټیشن

駅

پاټکي

道

ریل

列車

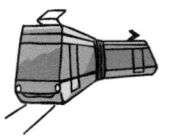

ټرام

路面電車

واګون

車両

چورلکه

ヘリコプター

هوايي ډګر

空港

برج

タワー

مسافر

乗客

کانټېنر

コンテナ

کارتون

段ボール箱

کارت

カート

ټوکرۍ

カゴ

الوتنه کول/کښېناستل

離陸 / 着陸

ښار

都市

کلی

村

د ښار مرکز

都心

کور

家

سینما
映画館

اعلان
宣伝

دکوڅي لامپ
街灯

کوڅه
通り

ټیکسي
タクシー

پیاده
歩行者

د خوارو پلورنځی
キオスク

پلي لاره
舗道

د تیریدو لاره
交差点

د سرک څخه تیریدو لاره
横断歩道

اشغالدانی (لوی)
ゴミ箱

د ترافیک څراغونه
信号

کوډله
小屋

اپارتمان
アパート

د ریل سټیشن
駅

ټاون هال
市役所

میوزیم
美術館

ښوونځی
学校

پوهنتون

大学

بانک

銀行

روغتون

病院

هوټل

ホテル

درملتون

薬局

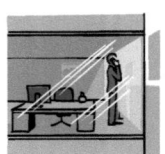

دفتر

オフィス

کتاب پلورنځی

書店

پلورنځی

ショップ

د ګلانو پلورنځی

花屋

لوی پلورنځی

スーパーマーケット

مارکیټ

市場

د ډیپارټمنټ سټور

デパート

کب پلورنځی

魚屋

د پلور مرکز

ショッピングセンター

لنګرتون

港

پارک

公園

بينچ

ベンチ

پل

橋

زينه

階段

د ځمکې لاندې

地下鉄

تونل

トンネル

بس تمځای

バス停

بار

バー

ريسټورانټ

レストラン

پوست بکس

ポスト

د کوڅې نښه

道路標識

د پارک کولو میټر

パーキングメーター

ژوبڼ

動物園

د لامبو حوض

スイミングプール

مسجد

モスク

كرونده

農場

ناپاکي

汚染

هديره

墓地

چرچ

教会

د لوبو ډګر

遊び場

معبد/کلیسا

寺

منظره

風景

پاڼه
葉

د لارښوونې نښه
道標

لاره
道

چمن
草地

کاڼی
石

هایکر
ハイカー

وڼه
木

سیند
川

واښه
草

ګل
花

دره

谷

غونډۍ

山

ناور

湖

ځنګل

森

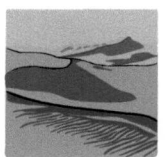

دښته

砂漠

اورشیندی

火山

کلا

城

رنګین کمان

虹

مرخیړي

キノコ

پلم ونه

ヤシの木

ماشي

蚊

الوتل

ハエ

میږی

蟻

مچۍ

ミツバチ

غونډل/جولا

クモ

ګونګټ

カブトムシ

چونګښه

蛙

نولی

リス

زیږکی

ハリネズミ

سوی

ウサギ

ګونګ

フクロウ

مرغۍ

鳥

قازه

白鳥

نرخوګ

雄豚

هوسۍ

鹿

ګاوزه

ヘラジカ

بند

ダム

بادي توربين

風力タービン

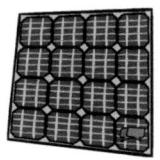

سولر تختي

ソーラーパネル

اقليم

気候

16

منظره - 風景

ریسټورانټ

レストラン

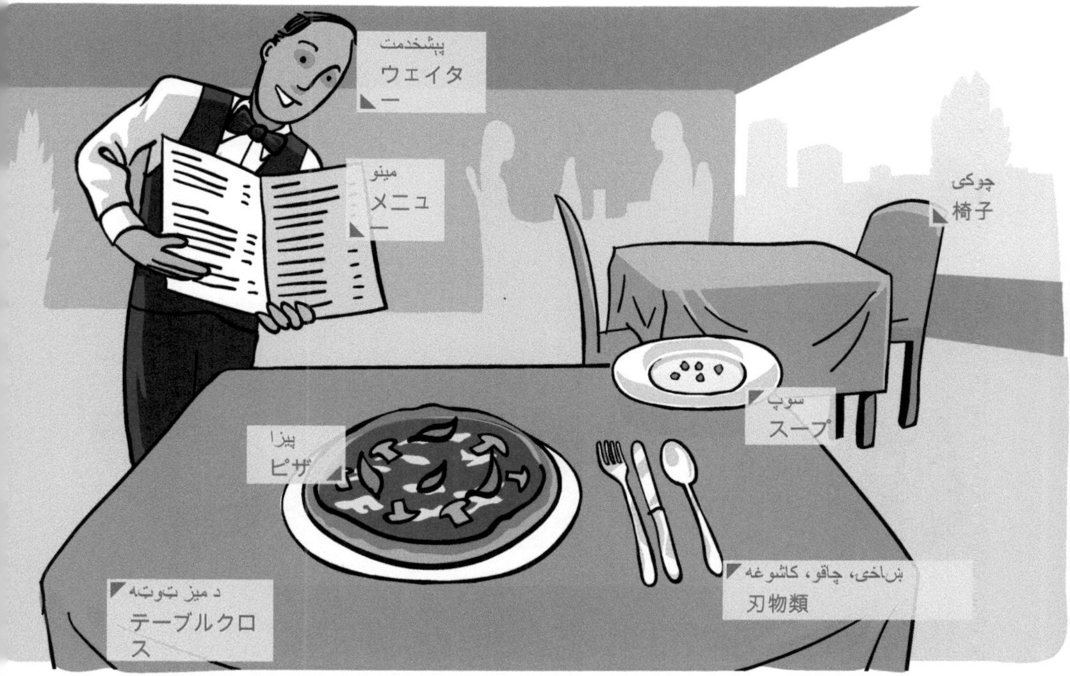

پیشخدمت
ウエイター
مینو
メニュー
چوکی
椅子
سوپ
スープ
پیزا
ピザ
د میز ټوټه
テーブルクロス
بڼاخی، چاقو، کاشوغه
刃物類

سټارټر

前菜

اصلي خواړه

メインコース

شیرني

デザート

څښاک

飲み物

خواړه

食べ物

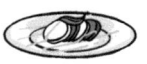

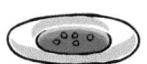

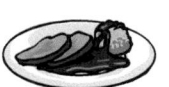

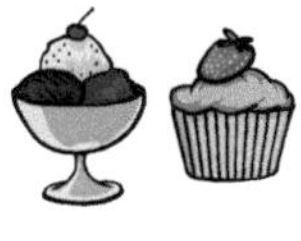

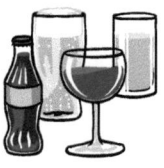

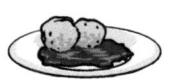

بوتل

ボトル

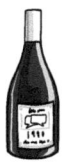

فاست فود

ファストフード

د کوڅې خواړه

屋台の食べ物

چای جوش

ティーポット

قندانی

砂糖入れ

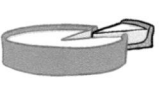

برخه

一人前

اسپرسو مشین

エスプレッソマシン

لوړه چوکی

幼児用食事椅子

رسید

請求書

مجمه

トレー

چاکو

ナイフ

پنجه

フォーク

قاشق

スプーン

چای قاشق

ティースプーン

سورویت

ナプキン

ګلاس

グラス

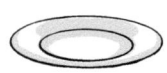

پلیټ

皿

د سوپ پلیټ

スープ皿

نالبکی

受け皿

ساس

ソース

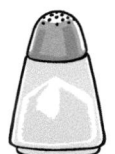

مالګه شیندونکی

塩入れ

د مرچ ټکولو لوخی

ペッパーミル

سرکه

酢

غوړي

油

مساله

スパイス

کچ اپ

ケチャップ

شرشم

マスタード

چکه

マヨネーズ

لوی پلورنځی

スーパーマーケット

ځانګړی وړاندیز
特価品
پیرودونکی
顧客
لبنیات
乳製品
果物

قصابي

肉屋

نانوايي

パン屋

وزن کول

重さをはかる

سبزيجات

野菜

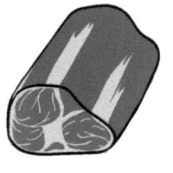

غوښه

肉

کنګل خواره

冷凍食品

يخه غوښه
冷肉の薄切り

کنسروا خواړه
缶詰食品

د مینځلو پودر
洗剤

شیریني
菓子

کورني تولیدات
家庭用品

د پاکولو محصولات
清掃用品

د پلور فرد
販売員

د نغدي راجستر
現金箱

صراف
レジ係

د پیرود لیست
買い物リスト

کاري ساعتونه
開館時刻

بټوه
財布

کریډیټ کارت
クレジットカード

کڅوړه
バッグ

پلاستیک کڅوړه
ポリ袋

څښاک
飲み物

اوبه

水

جوس

ジュース

شيده

牛乳

کوک

コーラ

واين

ワイン

بير

ビール

الکول

アルコール

ککاو

ココア

چای

紅茶

کافي

コーヒー

اسپرسو

エスプレッソ

کپچينو

カプチーノ

خواړه

食べ物

کیله	مڼه	نارنج
バナナ	リンゴ	オレンジ
هندواڼه	لیمو	گازره
メロン	レモン	ニンジン
هوږه	بانکس	پیاز
ニンニク	竹	玉ねぎ
مرخیړي	چغزی	آش
キノコ	ナッツ	ヌードル

سپيګټي

スパゲッティ

وريجي

米

سلاد

サラダ

چپس

フライドポテト

سره کړي کچالو

フライドポテト

پيزا

ピザ

همبرګر

ハンバーガー

ساندويچ

サンドウィッチ

کتره

カツレツ

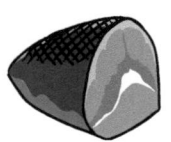

د پتون غوښه

ハム

سلمي

サラミ

ساسچ

ソーセージ

چرګ

鶏肉

روسټ

焼き

کب

魚

24 خواړه - 食べ物

د وربشي شيرني

麦のお粥

موسلي

ムーズリ

د جوار پلی

コーンフレーク

اوړه

小麦粉

کروسانټ

クロワッサン

د ډوډۍ رول

ロールパン

ډوډۍ

パン

ټوسټ

トースト

بسکیټ

ビスケット

کوچ

バター

چکه

カッテージチーズ

کیک

ケーキ

هګۍ

卵

پښي هګۍ

目玉焼き

پنير

チーズ

آیس کریم

アイスクリーム

بوره

砂糖

شهد

はちみつ

مربا

ジャム

نوگاټ کریم

ヌガークリーム

کورکمان

カレー

کرونده

農場

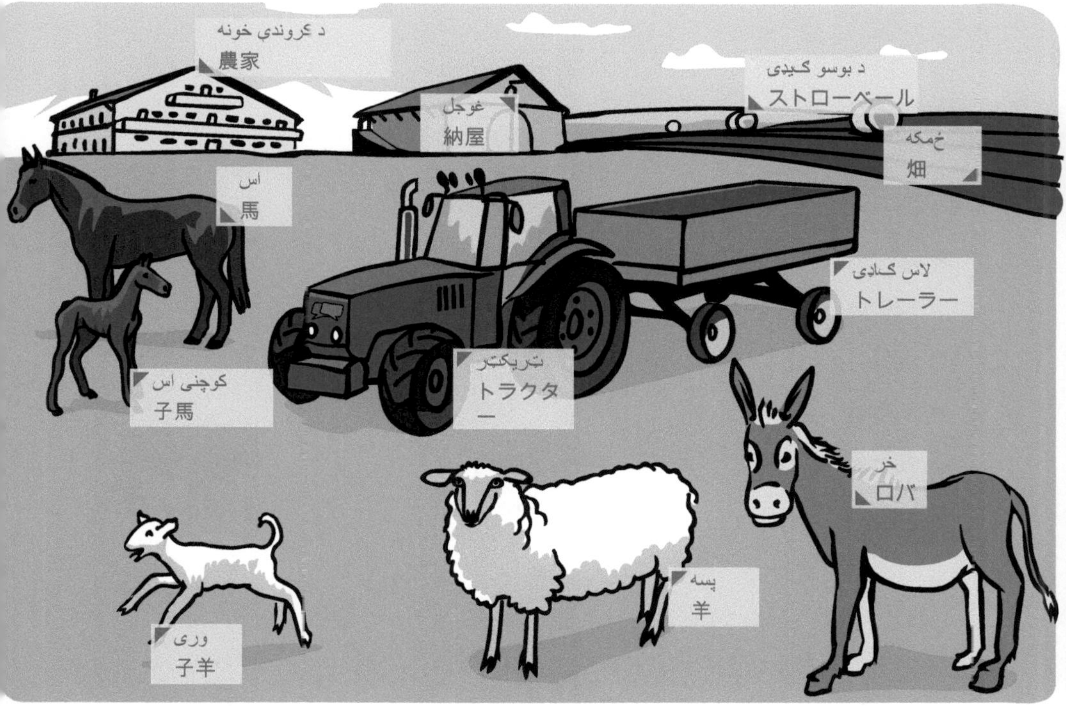

د کروندې خونه
農家
غوجل
納屋
د بوسو ګیډۍ
ストローベール
ځمکه
畑
اس
馬
لاس ګاډی
トレーラー
کوچنی اس
子馬
تریکټر
トラクター
خر
ロバ
پسه
羊
وری
子羊

وزه

ヤギ

غوا

雌牛

خوسکی

子牛

خوګ

豚

د خوګ بچی

子豚

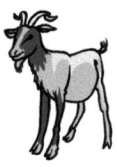

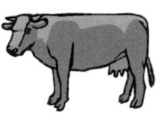

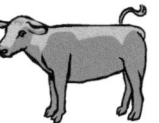

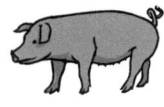

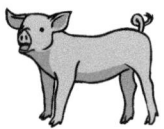

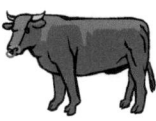

غویی

雄牛

بتّه

ガチョウ

هيلی

アヒル

چرګوړی

ひよこ

چرګه

にわとり

بانګي

おんどり

سارای موږک

ネズミ

پيشک

猫

موږک

ねずみ

غويی

雄牛

سپی

犬

د سپي خونه

犬小屋

د باغ هوز

散水ホース

د اوبو لوخی

じょうろ

(داس) لور

大鎌

یوی

すき

لور

草刈り鎌

رمبی

くわ

ښاخی

堆肥用フォーク

تبر

斧

کراچۍ

手押し車

ناوه

かいばおけ

د شیدو لوخی

牛乳缶

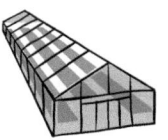

جوال

袋

کټاره

フェンス

مضبوط

畜舎

شنه خونه

温室

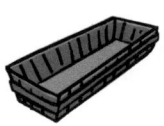

خاوره

土壌

تخم

種

سره/کود

肥料

کـډ ریبونکی ماشین

コンバイン

زیرمه کول

収穫する

درمند

収穫

خواږه کچالو

ヤマイモ

غنم

小麦

سویا

大豆

کچالو

じゃがいも

جوار

トウモロコシ

نباتي تخم

菜種

د میوې ونه

果樹

مانیوک

キャッサバ

غله

穀物

کور

家

درڅه
煙突
بام
屋根
ناودان
排水管
窓
車庫
د دروازې زنګ
呼び鈴
دروازه
ドア
اشغالدانی
ゴミ箱
د لیک بکس
郵便受け
باغ
庭

د اوسیدو خونه

....

リビングルーム

حمام

....

浴室

پخلنځی

....

台所

د ویده کیدو خونه

....

寝室

د ماشوم خونه

....

子供部屋

د خوارو خونه

....

ダイニング・ルーム

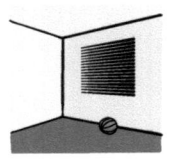

فرش

床

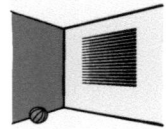

دیوال

壁

چت

天井

زیرخانه

地下貯蔵庫

سونا

サウナ

بالکوني

バルコニー

ټراس

テラス

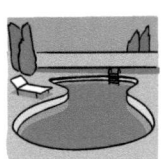

حوض

プール

د چمن وهلو ماشین

芝刈り機

شیټ

シーツ

روجایی

ベッドカバー

تخت

ベッド

جارو

ほうき

بوکه

バケツ

سویچ

スイッチ

د اوسیدو خونه

リビングルーム

شیلف
棚
الماری
食器棚
تلویزیون
テレビ
نغری
暖炉
花
クッション
صوفه
ソファ
ګلدانی
花瓶
ریموټ کنټرول
リモコン

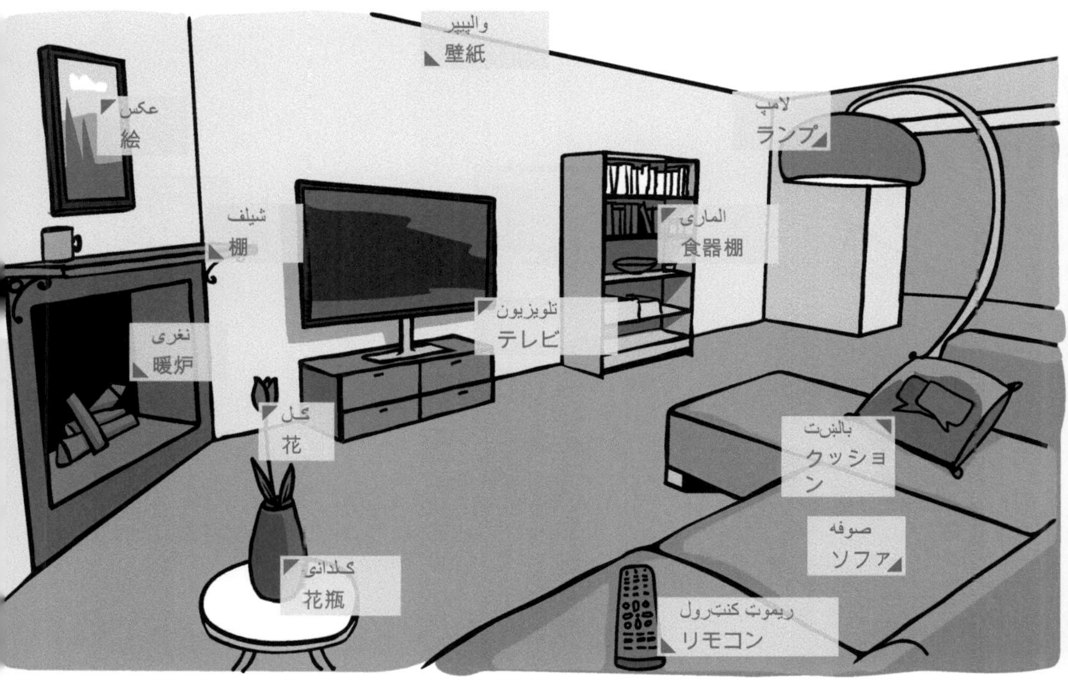

غالی

カーペット

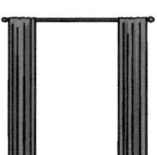

پرده

カーテン

میز

テーブル

چوکی

椅子

تاویدونکي چوکی

ロッキングチェア

بازو لرونکی چوکی

ひじ掛け椅子

کتاب

本

کمپل

毛布

ډیکوریشن

飾り

د اور لرګي

たきぎ

فلم

映画

هایفای

ステレオ

کلي

鍵

ورځپاڼه

新聞

نقاشي

絵画

پوسټر

ポスター

راډيو

ラジオ

کتابچه

メモ帳

واکيوم جارو

掃除機

کاکتوس

サボテン

شمع

ろうそく

پخلنځی
台所

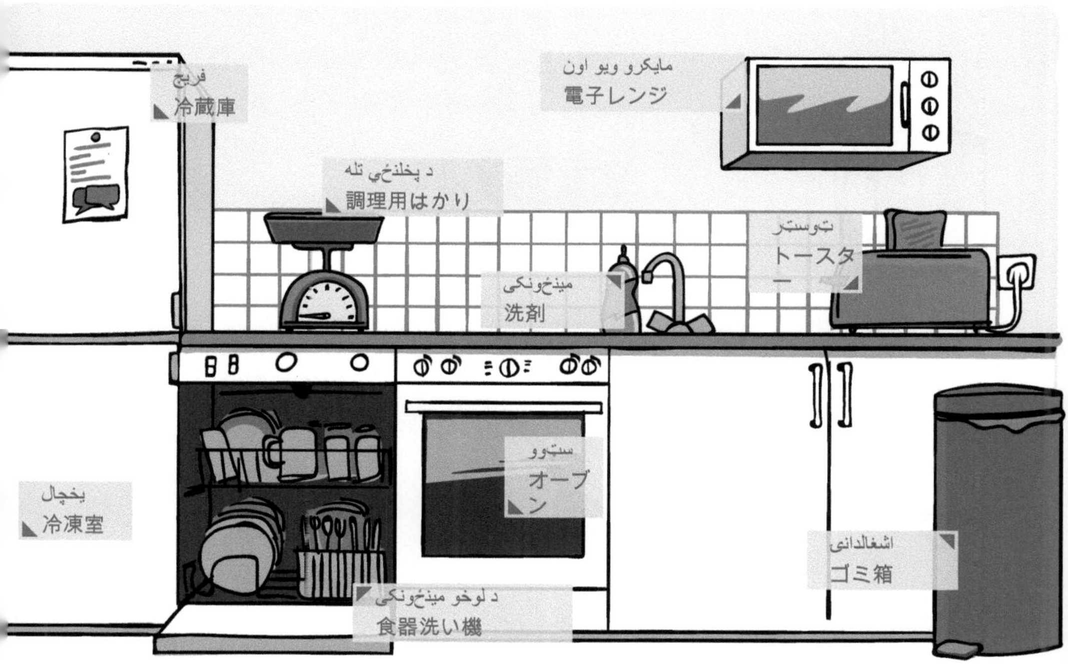

فریج
冷蔵庫
مایکرو ویو اون
電子レンジ
د پخلنځي تله
調理用はかり
ټوسټر
トースター
مینځونکی
洗剤
سټوو
オーブン
یخچال
冷凍室
اشغالدانی
ゴミ箱
د لوخو مینځونکی
食器洗い機

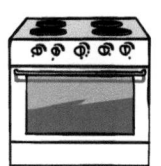

دیگ بخار

こんろ

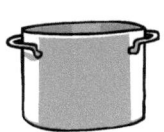

لوخی

鍋

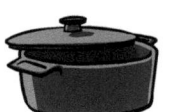

چدني لوخی

鉄鍋

ووک

中華鍋/ カダイ鍋

د تلي په

フライパン

چاې جوش

やかん

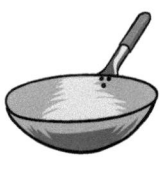

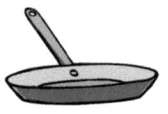

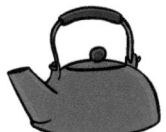

د بخار دیګ

蒸し器

پتنوس

天板

لوخي

食器

مګ

マグカップ

کاسه

ボウル

د رانیولو اوزار

箸

څمڅۍ

おたま

کفګیر

へら

پاکونکی

泡立て器

صافي

こし器

غلبیل

ふるい

ګریټر

すりおろし器

اونګ

すり鉢

بار بي کیو

バーベキュー

خلاص اور

かまど

تخته

まな板

هوارونکی

麺棒

کارک سکریو

栓抜き

ټيم

缶

د ټيم خلاصونکی

缶切り

د لوخي ټوټه

鍋つかみ

ظرف شوی

流し

برس

ブラシ

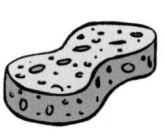

سپنج

スポンジ

بليندر

ミキサー

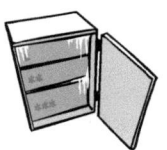

ژور يخچال

冷凍庫

د ماشوم بوتل

哺乳瓶

نل

蛇口

حمام

浴室

تودول
ヒーター
جان پاک
شاور
シャワー
د شاور پرده
シャワーカーテン
泡風呂
د حمام ټب
د مینځلو مشین
洗濯機
グラス
نل
蛇口
ټایلونه
タイル
یو ډول کمود
おまる
ظرف شوی
流し

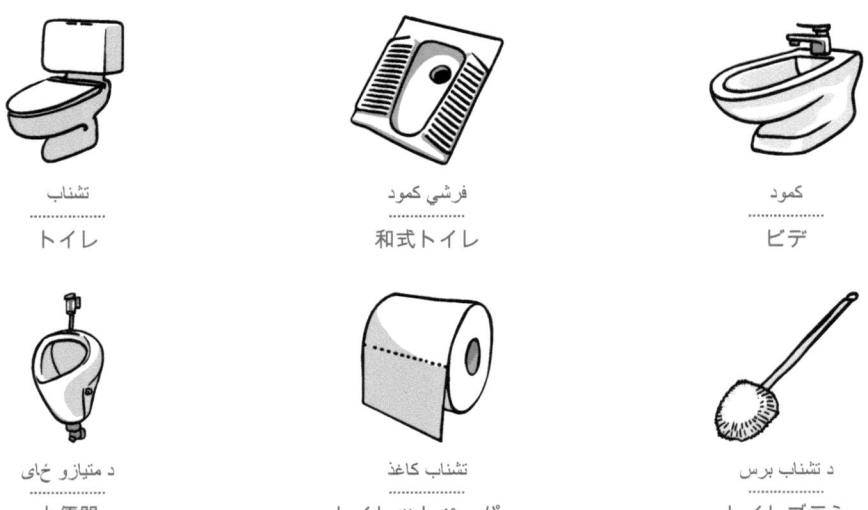

تشناب

トイレ

فرشي کمود

和式トイレ

کمود

ビデ

د متیازو ځای

小便器

تشناب کاغذ

トイレットペーパー

د تشناب برس

トイレブラシ

د غاښونو برس

歯ブラシ

د غاښونو کریم

歯みがき

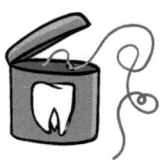

د غاښونو نخ

デンタルフロス

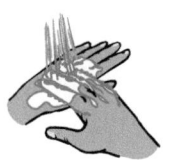

مینځل

洗う

لاسي شاور

シャワーヘッド

دوش

ハンドビデ

خانک

洗面台

د شا برس

ボディブラシ

صابون

石鹸

د شاور ژل

シャワー用ジェル

شامپو

シャンプー

فلانل جامه

浴用タオル

وچول

排水口

کریم

クリーム

سپری

消臭

آینه

鏡

لاسي آینه

手鏡

ریزر

かみそり

د خریلو فوم

シェービング・フォーム

د خریلو وروسته

アフターシェーブローション

ګمنځ

櫛

برس

ブラシ

د ویښتانو وچونکی

ドライヤー

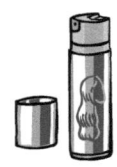

د ویښتانو سپری

ヘアスプレー

میک اپ

化粧

لیپ سټیک

口紅

د نوکانو پالش

マニキュア

کاټن وری

脱脂綿

ناخن ګیر

爪切り

عطر

香水

د مېنځلو کڅوړه

洗面用具入れ

سټول

スツール

د وزن کولو تله

体重計

د حمام پوښاک

バスローブ

د ربړ دستکش

ゴム手袋

ټامپون

タンポン

صحيي جان پاک

生理用ナプキン

کيميکل تشناب

ケミカルトイレ

د ماشوم خونه

子供部屋

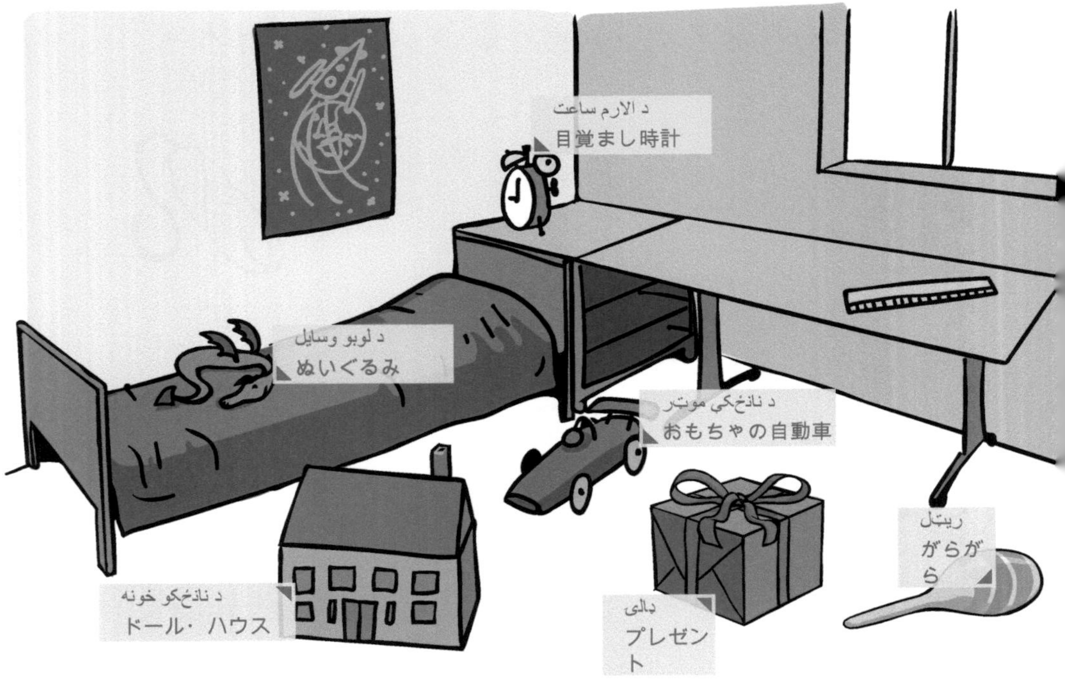

د الارم ساعت
目覚まし時計
د لوبو وسایل
ぬいぐるみ
د ناڅکي موټر
おもちゃの自動車
ريټل
がらがら
د ناڅکو خونه
ドール・ハウス
ډالۍ
プレゼント

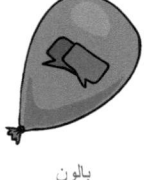

بالون

風船

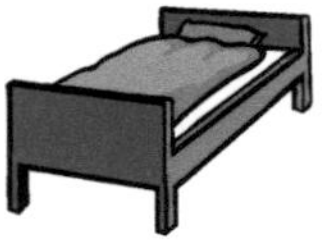

تخت

ベッド

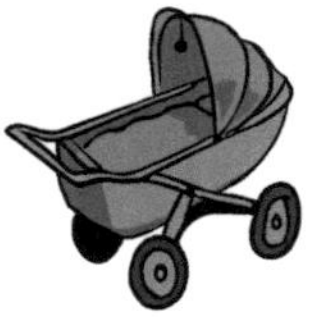

کالسکه

ベビーカー

د لوبو ورقې

カードゲーム

جيګسا

ジグソーパズル

SUPER MEGA

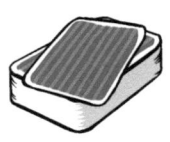

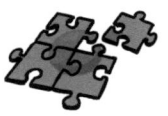

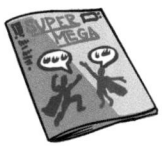

مسخره

漫画

لیګو بریک

レゴ

د ناڅکو بلاک

玩具ブロック

د اکشن فیګور

アクションフィギュア

د ماشوم پوښاک

ロンパース

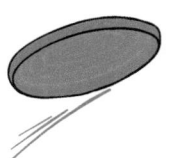

فریزبي

フリスビー

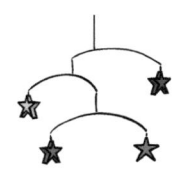

موبایل

モバイル

بورډ لوبه

ボードゲーム

تاس

さいころ

ماډل ریل سیټ

鉄道模型

ګونګشی

おしゃぶり

پارټي

パーティー

د عکسونو البوم

絵本

بال

ボール

ناڅکه

人形

لوبیدل

遊ぶ

د شګو کنده

砂場

سوینګ

ブランコ

ناڅکي

おもちゃ

د ویډیو لوبو کنسول

ゲーム機

ټرای سایکل

三輪車

ګوډیکه

テディベア

د کالو الماری

衣装ダンス

پوښاک

衣服

جرابي

靴下

لوړې جرابي

ストッキング

ټایټس

タイツ

زروکی
スカーフ

چتری
雨傘

بنی شرت
Tシャツ

کمربند
ベルト

سنیکر
スニーカー

بوتان
ブーツ

سلپیر
スリッパ

سیندل
サンダル

بوتان
靴

د ربر بوتان
ゴム長靴

زیرنیکري
パンツ

سینه بند
ブラ

واسکت
ベスト

بادي

ボディースーツ

پتلون

ズボン

جينز

ジーンズ

لمن

スカート

بلاوز

ブラウス

شرټ

シャツ

بنيان

セーター

سويټر

パーカー

بليزر

ブレザー

جاکټ

ジャケット

کوټ

コート

د باران کوټ

レインコート

پوښاک

服装

کالي

ドレス

د واده پوښاک

ウェディングドレス

دریشي

スーツ

د شپې پوښاک

ナイトガウン

پاجامه

パジャマ

ساړي

サリー

لوپټه

ヘッドスカーフ

پټکی

ターバン

برقه

ブルカ

کفتن

カフタン

عبا

アバヤ

د لامبو پوښاک

水着

نیکر

トランクス

شارټ

半ズボン

د خغاستي پوښاک

スウェットスーツ

پیش بند

エプロン

دستکش

手袋

بټن

ボタン

عینک

メガネ

لاس بند

ブレスレット

غاړه کۍ

ネックレス

ګوتمه

指輪

غوږوالۍ

イヤリング

خولۍ

帽子

کوټ بند

ハンガー

خولۍ

帽子

ټایی

ネクタイ

ځنځیر

ファスナー

هیلمیټ

ヘルメット

تړونکی

サスペンダー

د ښوونځي یونیفارم

制服

یونیفارم

ユニフォーム

بیب

よだれかけ

ګونګشی

おしゃぶり

نيپي

おむつ

دفتر

オフィス

سرور
サーバ
د دوسیه الماری
書類キャビネット
ورق
紙
پرینټر
プリンター
مانیټور
モニター
ماوس
事務机
フォルダー
کي بورډ
キーボード
چوکی
椅子
اشغالدانی
ごみ箱
کمپیوټر
コンピューター

د کافي پياله

コーヒーマグ

کالکولیټر

計算機

انټرنیټ

インターネット

لپ ٹاپ

ラップトップ

لیک

手紙

پیغام

メッセージ

موبایل

携帯電話

نیٹورک

ネットワーク

فوٹوکاپیر

コピー機

سافٹویر

ソフトウェア

تلیفون

電話

پلک ساکٹ

コンセント

فکس مشین

ファックス

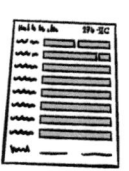

فارم

フォーム

سند

書類

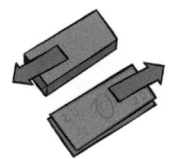

اقتصاد

経済

پیرل

買う

تادیه کول

支払う

سوداګري کول

取引する

پیسې

お金

ډالر

ドル

یورو

ユーロ

ین

円

ربل

ルーブル

سویسي فرانک

スイスフラン

رینمینبي یوان

人民元

روپۍ

ルピー

د نغدي پیسو ځای

キャッシュポイント

د اسعارو د تبادلې دفتر

両替所

سره زر

金

سپین زر

銀

تیل

油

انرژي

エネルギー

نرخ

価格

قرارداد

契約

مالیه

税金

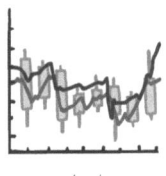

اسهام

株

کار کول

働く

کارمند

従業員

کار گومارونکی

雇用主

فابریکه

工場

پلورنځی

ショップ

مسلکونه
職業

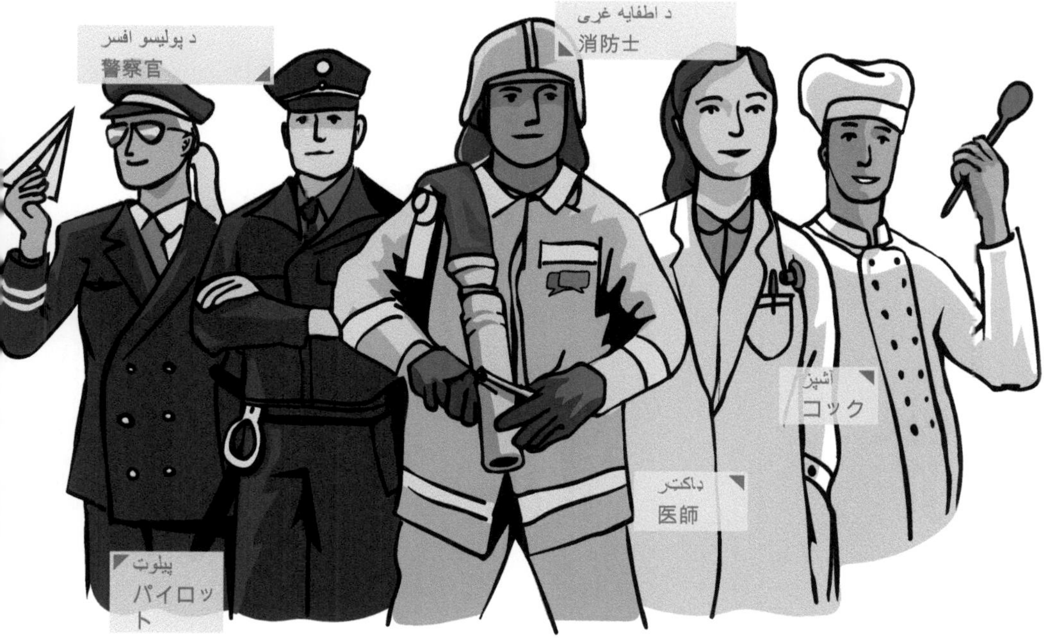

د پولیسو افسر
警察官
د اطفایه غری
消防士
آشپز
コック
ډاکټر
医師
پیلوټ
パイロット

باغوان

庭師

نجار

大工

خیاط

お針子

قاضي

裁判官

کیمیا پوه

化学者

د فلم لوبغاړی

俳優

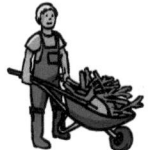

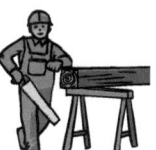

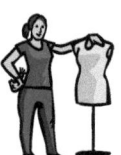

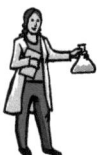

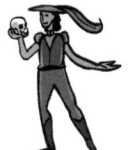

د بس ډرایور

バスの運転手

د ټیکسي ډرایور

タクシー運転手

کب نیونکی

漁師

خدمه

掃除婦

بام جوړونکی

屋根ふき職人

پیشخدمت

ウェイター

ښکاري

ハンター

نقاش

塗装工

نانوا

パン屋

د برښنا کارکونکی

電気工

تعمیر جوړونکی

建設作業員

انجنیر

エンジニア

قصاب

肉屋

نلدوان

配管工

پوست رسونکی

郵便配達人

سرتيرى

軍人

مهندس

建築家

صراف

レジ係

ماليار

花屋

نایی

美容師

کلیندر

車掌

میکانیک

機械工

کپتان

キャプテン

د غاښونو ډاکټر

歯科医

ساینس پوه

科学者

ښاغلی

ラビ

امام

イスラム導師

مذهبي نفر

修道士

پادري

牧師

لوازم
道具

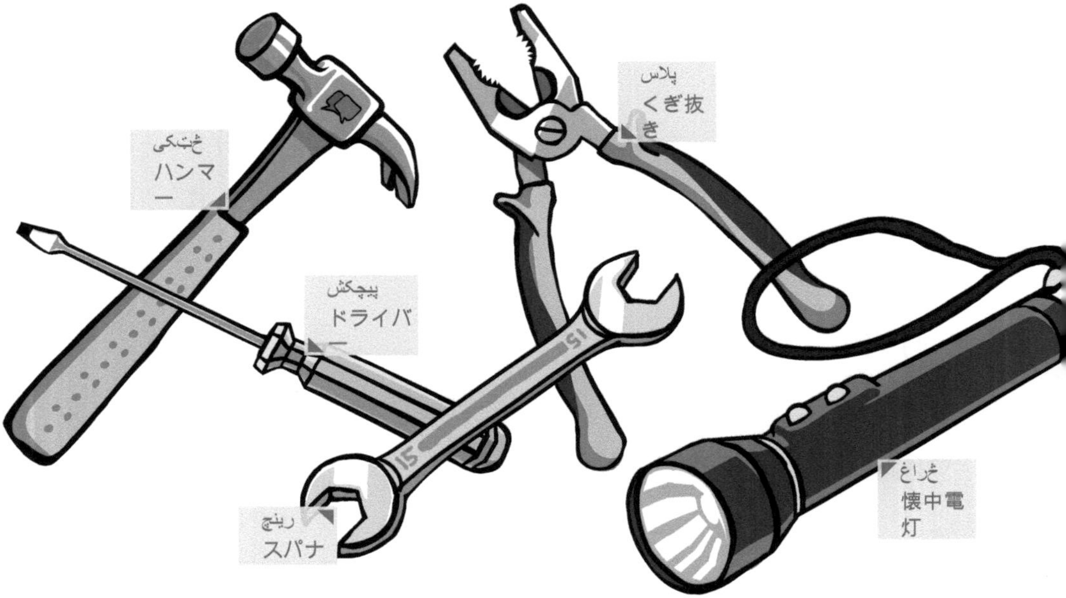

څټکی
ハンマー
پلاس
くぎ抜き
پیچکش
ドライバー
رینچ
スパナ
څراغ
懐中電灯

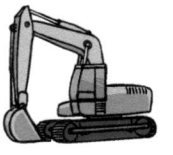

کنستونکی

掘削機

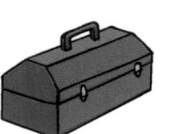

د لوازمو بکس

道具箱

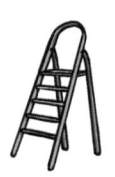

زینه

はしご

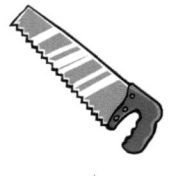

اره

のこぎり

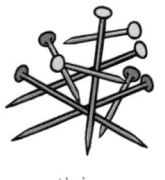

میخونه

釘

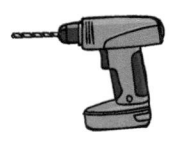

برمه

ドリル

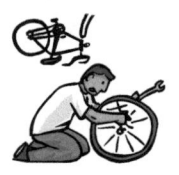

ترميم کول

修理する

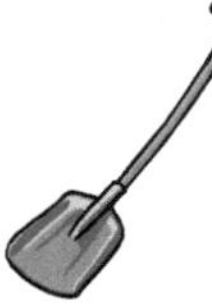

بیل

シャベル

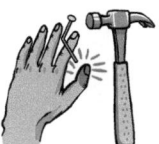

لعنت!

クソ！

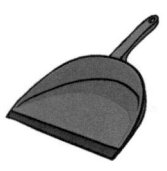

خاک انداز

ちりとり

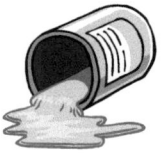

مشواڼی

ペンキ缶

پیچونه

ネジ

د میوزیک آلات

楽器

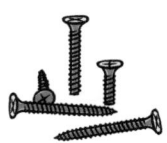

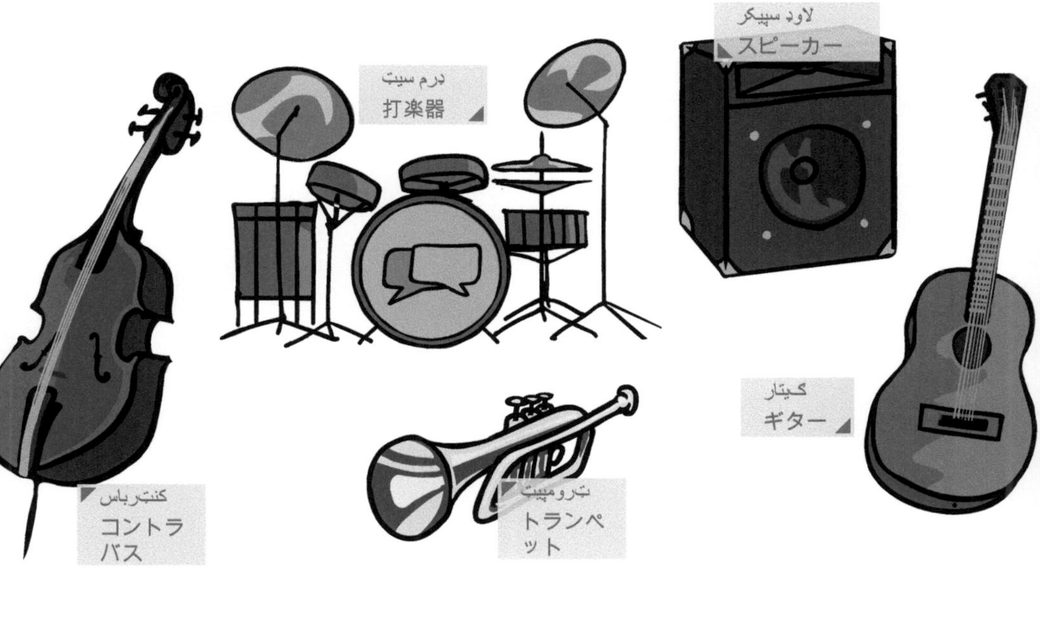

لاوډ سپیکر
スピーカー
ډرم سیټ
打楽器
ګیتار
ギター
کنټرباس
コントラバス
ټرومپیټ
トランペット

پيانو

ピアノ

وايلن

バイオリン

باس

バス

نغاره

ティンパニ

ډرمونه

ドラム

کي بورډ

キーボード

سيکسافون

サックス

شپيلۍ

フルート

مايکروفون

マイクロフォン

ننوتو لاره
入口

پرانگ
虎

پنجره
おり

کوره خر
シマウマ

د ژويو خواره
飼料

پاندا
パンダ

ژوی
....
動物

هاتي
....
象

کنگرو
....
カンガルー

د اوبو اسپ
....
サイ

گوریلا
....
ゴリラ

ايږه
....
熊

اوښ

ラクダ

شترمرغ

ダチョウ

زمری

ライオン

بيزو

猿

غزی

フラミンゴ

طوطي

オウム

قطبي ايږه

白クマ

پينګوين

ペンギン

شارک

サメ

طاوس

クジャク

مار

蛇

تمساح

ワニ

ژوبڼ ساتونکی

飼育係

سيل

アザラシ

جګوار

ジャガー

يابو

ポニー

پړانګ

ヒョウ

هيپو

カバ

زرافه

キリン

باز

鷲

نرخوګ

雄豚

كب

魚

شمشتۍ

亀

سمندري نولی

セイウチ

ګيدړه

狐

هوسۍ

ガゼル

ورزش
スポーツ

امریکایی فټبال
アメフト
سایکل ځغلول
サイクリング
باسکیټبال
バスケットボール
لامبو
水泳
باکسینګ
ボクシング
د کنګل هاکي
アイスホッケー

فټبال
サッカー

کسیزه
バドミントン

د ځغاستي لوبې
陸上競技

د هندبال
ハンドボール

سکي
スキー

پولو
ポロ

فعالیتونه

活動

ټوپ وهل
跳ぶ
غاړه ورکول
抱きしめる
خندل
笑う
歩く
سندري ويل
歌う
خوب ليدل
夢見る
عبادت کول
祈る
キス

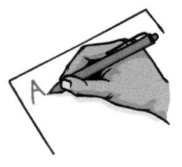

ليکل

書く

کښل

描く

ښودل

示す

ټيله کول

押す

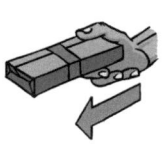

ورکول

与える

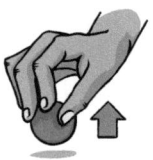

اخيستل

取る

درلودل

持っている

کول

する

پايېدل

ある

ودرېدل

立つ

منډې وهل

走る

راکښل

引く

ګوزارل

投げる

لوېدل

落ちる

څملاستل

横たわっている

انتظار کول

待つ

وړل

運ぶ

کښېناستل

座る

پوښاک اغوستل

着る

ویده کېدل

眠る

پاڅېدل

目が覚める

کتل

見る

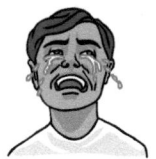

ژړل

泣く

برید کول

なでる

ګمنځ کول

櫛ですく

خبري کول

話す

پوهیدل

理解する

غوښتل

質問する

اوریدل

聞く

څښل

飲む

خوړل

食べる

پاکول

片づける

مینه کول

愛する

پخلی کول

料理する

موټر چلول

運転する

الوتل

飛ぶ

بیړۍ چلول

ヨットに乗る

حساب

計算する

لوستل

読む

زده کول

学ぶ

کار کول

働く

واده کول

結婚する

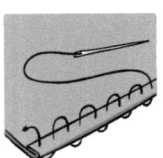

ګنډل

縫う

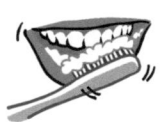

د غاښونو برس کول

歯を磨く

وژل

殺す

سګرټ څښل

喫煙する

لیږل

送る

کورنۍ

نیا
祖母
نیکه
祖父
پلار
父
مور
母
ماشوم
赤ん坊
لور
娘
زوی
息子

میلمه

お客様

ترور

おば

کاکا/ماما

おじ

ورور

兄弟

خور

姉妹

بدن
体

تندی
ひたい
سترگې
目
اوږه
肩
گوته
指
مخ
顔
زنه
あご
لاس
手
سینه
胸
پښه
脚
مټ
腕

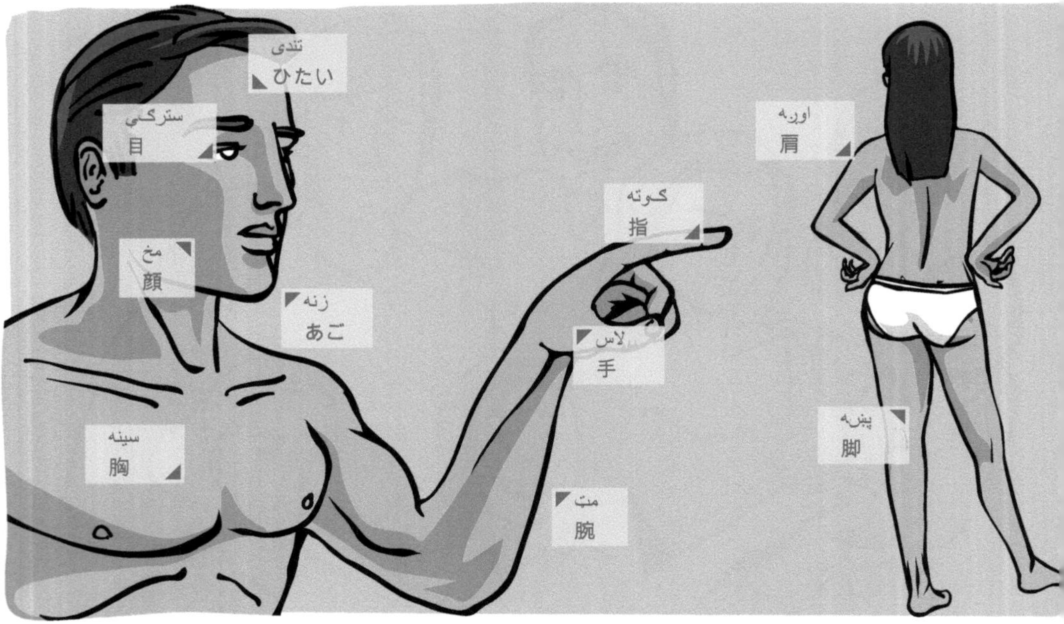

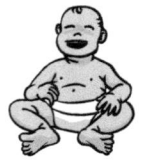

ماشوم
赤ん坊

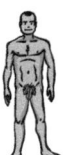

سړی
男性

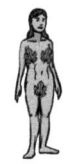

ښځه
女性

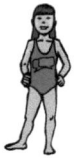

انجلۍ
少女

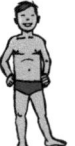

هلک
少年

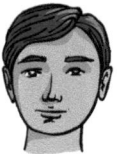

سر
頭

شا

背中

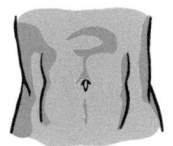

خیټه

腹

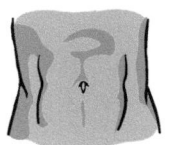

نوم

へそ

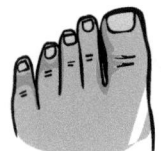

د پښې ګوته

足指

پونده

かかと

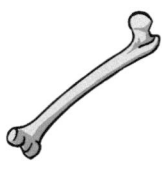

هډوکی

骨

کوناټی

腰

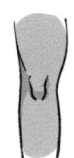

زنګون

ひざ

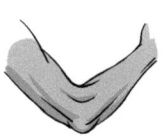

څنګل

ひじ

پوزه

鼻

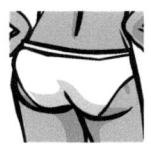

لاندي برخه

尻

پوټکی

皮膚

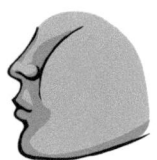

غومبوری

頬

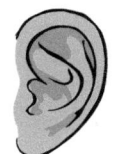

غوږ

耳

شونډه

唇

خوله

口

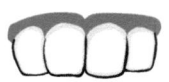

غاښ

歯

ژبه

舌

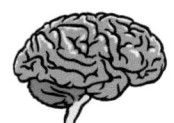

مغز

脳

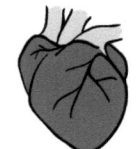

زړه

心臓

عضله

筋肉

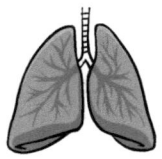

سږی

肺

ځیګر

肝臓

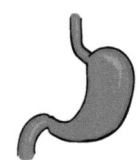

معده

胃

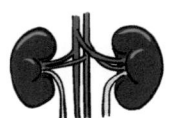

پښتورګي

腎臓

جنسي نږدې والی

セックス

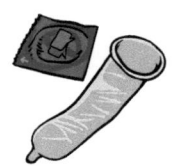

کانډوم

コンドーム

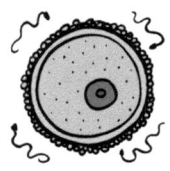

تخمه

卵細胞

مني

精液

حمل

妊娠

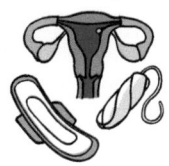

حیض

....

月経

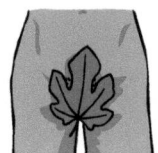

مهبل

....

膣

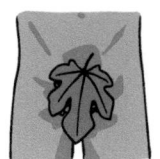

د نارینه تناسلي آله

....

ペニス

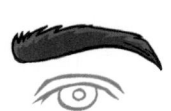

وروځې

....

眉

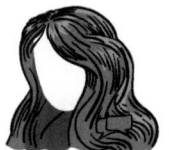

ویښته

....

髪

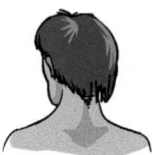

غاړه

....

首

روغتون

病院

امبولانس
救急車
ويل چير
車椅子
کسر
骨折

داکتر

医師

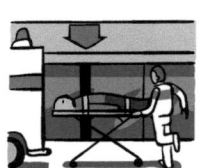

عاجل خونه

救急治療室

رنځورپال

看護師

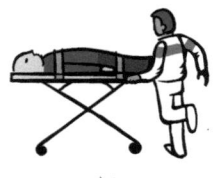

عاجل

救急

بي هوش

失神

درد

痛み

ټپ

けが

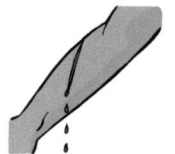

وينه تويدل

出血

د زړه حمله

心臓発作

ضرب

脳卒中

حساسيت

アレルギー

ټوخی

咳

تبه

熱

انفلوينزا

インフルエンザ

نس ناستی

下痢

سر درد

頭痛

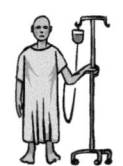

سرطان

癌

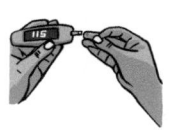

شکر

糖尿病

جراح

外科医

سکالپل

外科用メス

عمليات

手術

سي.ټي

CT

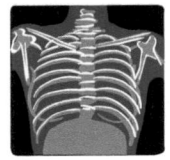

ايکس رې

レントゲン

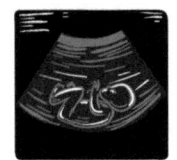

الټراساوند

超音波

د مخ ماسک

マスク

ناروغي

病気

انتظار خونه

待合室

امسا

松葉づえ

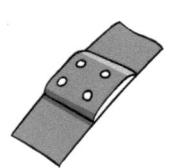

پلستر

ばんそうこう

بنداژ

包帯

تزريق

注射

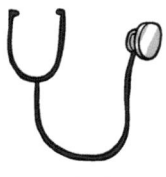

ستاتسکوپ

聴診器

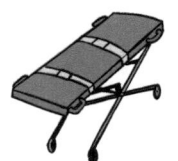

تسکيره

担架

کلينکي ترماميټر

体温計

زيږون

出産

زيات وزن

肥満

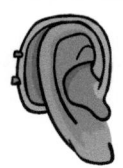

د اوريدو مرسته

補聴器

د عفونیت ضد پاکونکي مواد

消毒剤

عفونیت

感染

ويروس

ウイルス

ایچ.آی.وي/ایډز

HIV / エイズ

درمل

内服薬

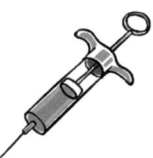

واکسين

予防接種

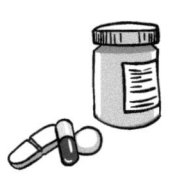

ټابلیټس

錠剤

ګولۍ

ピル

عاجل تليفون

緊急電話

د ويني د فشار څارونکی

血圧計

ناروغ/روغ

病気の / 健康な

عاجل
救急

مرسته!

助けて！

الارم

アラーム

یرغل

暴行

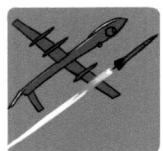

برید

攻撃

خطر

危険

عاجل لاره

非常口

اور!

火事だ！

د اور وژونکی

消火器

پیښه

事故

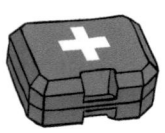

د لومړی مرستي لوازم

救急箱

ایس.او.ایس

SOS

پولیس

警察

地球

اروپا

....

ヨーロッパ

شمالي امريکا

....

北米

سهيلي امريکا

....

南米

افريقا

....

アフリカ

آسيا

....

アジア

آستریلیا

....

オーストラリア

اتلانتيک

....

大西洋

پاسيفيک

....

太平洋

د هند بحر

....

インド洋

جنوبي منجمد بحر

....

南極海

د شمال قطب بحر

....

北極海

شمالي قطب

....

北極

سهيلي قطب

南極

انتارکتیکا

南極大陸

ځمکه

地球

ځمکه

陸

بحر

海

ټاپو

島

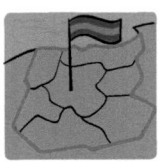

ملت

国家

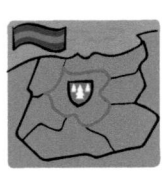

دولت

国家

ساعت
時計

د مخي ساعت

文字盤

د ساعت ستنه

短針

د دقيقي ستنه

長針

د ثانيی ستنه

秒針

څه وخت دی؟

何時ですか？

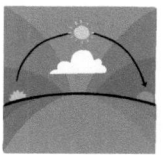

ورځ

日

وخت

時間

اوس

現在

ډيجيټل ساعت

デジタル時計

دقيقه

分

ساعت

時間

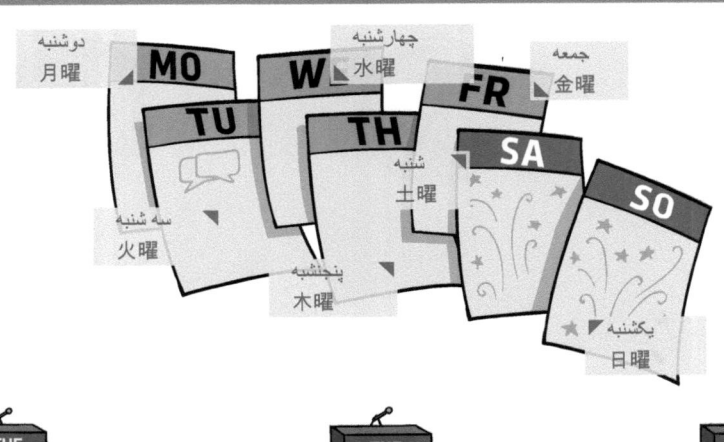

اونۍ
週

دوشنبه
月曜
سه شنبه
火曜
چهارشنبه
水曜
پنجشنبه
木曜
جمعه
金曜
شنبه
土曜
یکشنبه
日曜

پرون
昨日

نن
今日

سبا
明日

سهار
朝

غرمه
昼

ماښام
夜

کاري ورځې
営業日

د اونۍ پای
週末

باران
雨
رنګین کمان
虹
باد
風
واوره
雪
پسرلی
春
夏
منی
秋
ژمی
冬

د موسم وړاندوینه

天気予報

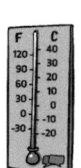

ترمومیټر

温度計

د لمر وړانګې

日差し

وریځ

雲

لړه

霧

رطوبت

湿度

رڼا

雷

تندر

雷

توفان

嵐

ږلۍ وريدل

ひょう

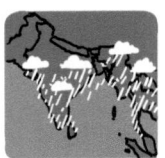

مون سون باران

季節風

سیلاب

洪水

یخ

氷

جنوري

1月

فبروري

2月

مارچ

3月

اپریل

4月

مۍ

5月

جون

6月

جولای

7月

اګست

8月

سپتمبر

9月

اکتوبر

10月

نومبر

11月

دسمبر

12月

شکلونه

形

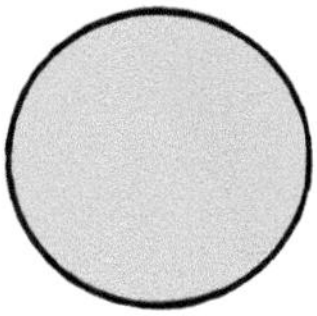

دایره

円

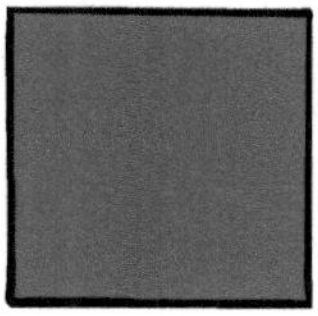

مربع

正方形

مستطیل

長方形

مثلث

三角

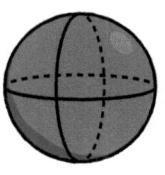

توپ

球

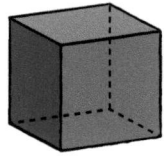

فال

立方体

رنګونه
色

سپین

白

ژیړ

黄

نارنجي

オレンジ

ګلابي

ピンク

سور

赤

ارغواني

紫

نیلي

青

شین

緑

نسواري

茶

خړ

灰色

تور

黒

خورا ډیر/خورا لږ

多い / 少ない

قار/ارام

怒っている /
落ち着いている

ښکلی/بدشکله

美しい / 醜い

پیل/پای

初め / 終わり

لوی/کوچنی

大きい / 小さい

روښانه/تیاره

明るい / 暗い

ورور/خور

兄弟 / 姉妹

پاک/ککړ

清潔な / 汚い

مکمل/نامکمل

完全な / 不完全な

ورځ/شپه

日中 / 夜

مړ/ژوندی

死んだ / 生きている

پراخه/نری

幅広い / 狭い

د خوراک وړ/نه خوړل کیدونکی

食べられる / 食べられない

بد/مهربان

悪意のある / 親切な

پاریدلیا/بي خونده

興奮している / 退屈している

چاق/وچ

太った / 痩せた

لومړی/وروستی

最初に / 最後に

ملګری/دښمن

友人 / 敵

ډک/تش

いっぱいの / 空の

سخت/نرم

硬い / 柔らかい

دروند/سپک

重い / 軽い

لوږه/تنده

空腹 / 喉の渇き

ناروغ/روغ

病気の / 健康な

غیرقانوني/قانوني

違法な / 合法な

هوښیار/ساده

賢い / 愚かな

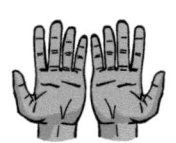

کیڼ/ښي

左に / 右に

نږدې/لرې

近い / 遠い

نوی/زوړ

新しい / 中古の

هیڅ/یو څه

何もない / 何かある

بډا/ځوان

老いた / 若い

چالان/بند

オン / オフ

خلاصه/تړلی

開いている / 閉まっている

غلی/لوړ غږ

静かな / うるさい

بډایه/غریب

裕福な / 貧乏な

صحیح/غلط

正しい / 間違っている

زیږ/ملایم

粗い / なめらか

خفه/خوښ

悲しい / 幸せな

لنډ/اوږد

短い / 長い

سست/ګړندی

ゆっくり / 速い

لوند/وچ

濡れた / 乾いた

ګرم/یخ

温かい / 冷たい

جګړه/سوله

戦争 / 平和

شميرې
数

0

صفر

ゼロ

1

يو

1

2

دوه

2

3

دري

3

4

څلور

4

5

پنځه

5

6

شپږ

6

7

اوه

7

8

اته

8

9

نهه

9

10

لس

10

11

يولس

11

12

دولس

12

13

دیارلس

13

14

څوارلس

14

15

پنځلس

15

16

شپاړس

16

17

وولس

17

18

اتلس

18

19

نولس

19

20

شل

20

100

سل

100

1.000

زر

1000

1.000.000

میلیون

100万

ژبې
言語

انګلسي

英語

امریکایی انګلسي

アメリカ英語

چینایی مندرین

中国標準語

هندي

ヒンディー語

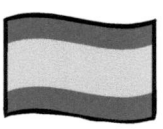

هسپانوي

スペイン語

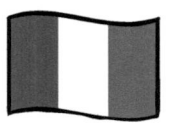

فرانسوي

フランス語

عربي

アラビア語

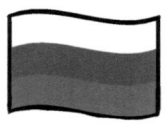

روسي

ロシア語

پرتګالي

ポルトガル語

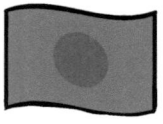

بنګالي

ベンガル語

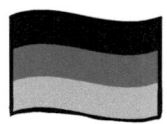

آلماني

ドイツ語

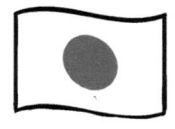

جاپاني

日本語

زه
私

ته
あなた

هغه/دغه/دا
彼 / 彼女 / それ

موږ
私たち

تاسي
あなたたち

دوی/هغوی
彼ら

څوک؟
誰？

څه؟
何？

څنګه؟
どうやって？

چیرې؟
どこ？

کله؟
いつ？

نوم
名前

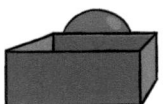

چیرې
どこ

شاته

後ろ

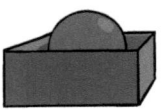

په

中

په مخه کې

前

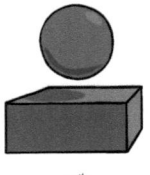

باندې

上

په

上

لاندې

下

برسیره پر

横

ترمینځ

間

ځای

場所